DECLARATION
DV ROY,

Portant prolongation du terme, pour le conuertissement des especes d'or legeres en especes d'or de poids, iusques au dernier Decembre 1640. *auec le Tarif faict en consequence verifiée en la Cour des Monnoyes le vnziéme Octobre 1640.*

A PARIS,

Chez SEBASTIEN CRAMOISY, Imprimeur ordinaire du Roy, & de la Cour des Monnoyes, ruë sainct Iacques, aux Cicognes.

M. DC. XL.

AVEC PRIVILEGE DE SA MAIESTÉ.

$$\frac{\begin{array}{r}29\\18\end{array}}{47}$$

DECLARATION DV ROY,

portant prolongation du terme, pour le conuertiſſement des eſpeces d'or de poids, iuſques au dernier Decembre mil ſix cens quarante.

LOVIS par la grace de Dieu Roy de France & de Nauarre. A tous ceux qui ces preſentes Lettres verront, Salut. Pour remedier au mal qui s'eſtoit introduit dans l'expoſition des eſpeces de monnoyes d'or, tant à nos Coins & Armes, qu'Eſtrangeres ayans cours en noſtre Royaume, leſquelles ſe trouuoient tellement defectueuſes, alterées & rongnées, que la plus grande partie n'excedoit

la moi‚ié de leur iuste prix , Nous
auons par noftre Declaration du
dernier Mars dernier ordonné , que
toutes ‚s efpeces d'or legeres qui
auoient cours en noftre Royaume,
feroient conuerties en efpeces d'or,
de poids nommées LOVIS , & que
trois mois apres la publication de
noftredite Declaration, toutes lefdites efpeces d'or legeres demeure-
roient décriées , fans qu'elles peuf-
fent eftre expofées, ny receuës en
aucuns lieux de nos Eftats, & qu'elles feroient portées en nos Monnoyes, & changées en monnoyes pe-
fantes; Et pour foulager nos Sujets,
nous nous feriõs chargez, tãt des fraiz
de la fonte , que des falaires des Gra-
ueurs, Ouuriers, Monnoyeurs, & autres Officiers , & en outre aurions
quitté & remis noftre droict de Sei-
gneuriage à caufe dudit conuertif-

ſement, eſperans que pendant ledit
temps de trois mois nos Sujets por-
teroient ce qu'ils auoient deſdites
eſpeces en noſtredite Monnoye, &
que le conuertiſſement en ſeroit fait;
Neantmoins ne s'eſtant pendant ledit temps porté que peu deſdites eſpeces legeres en noſtredite Monnoye, on n'auroit peu fabriquer vne
aſſez grande quantité de Louis, pour
le change & remplacement deſdites
eſpeces legeres ; ce qui nous auroit
obligez à continuer & prolonger par
autres nos Lettres de Declaration du
vingt-neufieſme May dernier, ledit
temps de trois mois pour ledit conuertiſſement, iuſques au dernier du
preſent mois de Septembre , pendant lequel la plus part de nos Sujets
n'ayans pas eſté plus ſoigneux de
porter leſdites eſpeces legeres à ladite Monnoye, il n'auroit encore eſté

A iij

suffisamment fait desdites nouuelles
monnoyes;en sorte qu'il est necessai-
re de prolonger le temps, & donner
nouueau delay pour paracheuer ledit conuertissement. A CES CAVSES,
de l'aduis de nostre Conseil, & de nostre certaine science, pleine puissan-
ce, & auctorité Royale, Nous auons
par ces presentes signées de nostre
main, continué & prolongé, conti-
nuons & prolongeons ledit temps
pour ledit conuertissement des especes d'or legeres , en especes d'or de
poids, iusques au dernier Decembre
prochain, pour tout delay ; ENIOI-
GNONS à tous nos Sujets de porter
en nos Monnoyes du Marteau, & du
Moulin de nostre bonne ville de Paris, ou entre les mains des Changeurs
pour ce establis suiuant nos Ordonnances, lesdites especes d'or legeres,
pour estre conuerties pendant ledit

temps en efpeces d'or de poids; apres lequel temps toutes lefdites efpeces d'or legeres demeureront décriées, les declarant telles dés à prefent, comme pour lors, & defendant à toutes perfonnes, de quelque qualité & condition qu'elles foient, d'en expofer ny receuoir en aucun lieu de noftre Royaume, & pour quelque caufe, & fouz quelque pretexte que ce puiffe eftre apres ledit temps, fur les peines portées par noftre Declaration du vingt-neufiefme Mars dernier. FAISONS des à prefent tres-expreffes defenfes à tous les Officiers comptables de noftre Cour & fuitte, de faire aucuns payemens defdites efpeces d'or legeres, à peine de confifcation d'icelles; & en cas qu'ils s'en trouuuent chargez, voulons qu'ils les portent és lieux fufdits pour eftre conuerties, fçauoir les Efcus

d'or legers , en autres Escus d'or
de poids , & les Pistoles en Louis,
Et pour faciliter ledit conuertissement, & donner plus de commodité
à nosdits Sujets de changer lesdites
especes d'or legeres, dont ils se trou-
ueront chargez, Nous voulons qu'il
soit estably vn Bureau en chacune
des villes de Lyon, Bordeaux, Thoulouze & Rénes, esquelles sera porté &
enuoyé à nos fraiz, nombre suffisant
de Louis, pour les changer & distribuer à toutes personnes qui y porteront desdites especes legeres. Et d'autant que iusques à present nous a-
uons supporté les fraiz de la fonte
& du brassage de ce qui a esté fabriqué desdites especes de Louis, & qu'il
n'est raisonnable que ceux qui par
auarice & auidité de gain, ont gardé
lesdites especes legeres, soit pour en
abuser, ou les exposer au poids, ou
autre-

autrement auec aduantage, ne s'é-
ftant mis en aucun deuoir de les faire
conuertir pendant les delais portez
par nos precedentes Declarations, fe
preualent deformais de cefte grace:
Nous voulons & entendons que dés
à prefent, comme à l'aduenir, lefdits
particuliers qui feront conuertir des
efpeces d'or legeres en Louis, payent
les fraiz de la fonte & du braffage,
enfemble du change, felon & ainfi
qu'il fera reglé par noftre Cour des
Monnoyes, conformément aux Ordonnances, & comme il f'eft touf-
iours pratiqué en pareil cas, lequel
Reglement fera inferé en fin des imprimez, qui feront publiez des pre-
fentes. Et pour empefcher les abus
qui fe commettent és efpeces moulées, faites par faux Monnoyeurs,
qui en expofent iournellement à
caufe du gain qu'ils y trouuent, les

faifant paſſer au poids confufément auec les bonnes, leſquelles eſpeces moulées ſont de plus bas tiltre que les vrayes Piſtoles d'Eſpagne, s'étant trouué par les eſſays qui en ont eſté faits iuſques à la valeur de deux carats de perte, qui reuiennent à trente-deux liures ſur chacun Marc, Nous auons fait & faiſons tres-expreſſes defenſes de les expoſer à peine de confiſcation, & des amendes & peines portées par noſdites precedentes Declarations; Voulons que leſdites eſpeces moulées ſoient portées en noſdites Monnoyes, pour y eſtre affinées & rendues au tiltre des bonnes Piſtole d'Eſpagne, & leſdites eſpeces payées à ceux qui les y porteront ſelon leur iuſte valeur, ſuiuant l'eſſay qui en ſera fait en preſence des Commiſſaires. ET quant aux Eſcus d'or rongnez & legers, qui

font de plus haut tiltre que lefdits
Louis, voulons qu'ils foient portez
dans ledit temps & delay cy deffus
en noftre Monnoye au Marteau,
pour y eftre conuertis en efpeces
d'Efcus d'or de poids, fuiuant nos
Ordonnances en la maniere accouftumée; Et feront les Piftoles d'Italie legeres receuës efdites Monnoyes, & affinées au tiltre des bonnes Piftoles d'Efpagne, pour eftre
conuerties en Louis auec lefdites Piftoles d'Efpagne. SI DONNONS
en mandement à nos amez & feaux
les gens tenans noftre Cour des
Monnoyes, que nonobftant le
temps des vacations ils faffent lire,
publier & enregiftrer ces prefen-
tes, & le contenu en icelles garder &
obferuer ponctuellement, nonobftant oppofitions ou appellations
quelconques, defquelles & des dif-

ferens qui pourroient naiſtre en conſequence, Nous leur auons attribué & attribuons toute Cour, iuriſdiction & connoiſſance, & icelle interdiſons à tous autres Iuges. MANDONS en outre à tous Baillifs, Seneſchaux, Preuoſts, Iuges, leurs Lieutenans, & tous autres Officiers qu'il appartiendra, d'y tenir la main : Car tel eſt noſtre plaiſir. En teſmoin dequoy nous auons fait mettre noſtre ſcel à ceſdites preſentes. DONNE' à Chantilly le vingtſeptiéme iour de Septembre, l'an de grace mil ſix cens quarante, & de noſtre Regne le trente-vnieſme. Signé, LOVIS. Et ſur le reply, Par le Roy, SVBLET. Et ſcellé du grand ſceau de cire iaune ſur double queuë.

Et ſur le reply eſt encore eſcrit. *Leuës & regiſtreés és Regiſtres de la*

Cour des Monnoyes, ouy & ce reque-
rant le Procureur General du Roy en
icelle, suiuant & aux charges portées par
l'Arrest de ce iourd'huy vnziéme iour
d'Octobre mil six cens quarante.

Signé, DELAISTRE.

EXTRAICT DES
Regiſtres de la Cour des Monnoyes.

EV par la Cour les Lettres de Declaration du Roy, données à Châtilly le 27. iour de Septembre der- nier, ſignées LOVIS, & ſur le re- ply, Par le Roy, SVBLET, & ſeel- lées de cire iaune du grand ſeel ſur double queuë; par leſquelles ſa Ma- jeſté, pour les cauſes & conſiderations y contenues, a prolongé le temps pour le conuertissement des especes d'or legeres, en especes d'or de poids, iusques au dernier Decembre prochain, pour tout delay. Et enioint à tous ses Sujets de porter en ses Monnoyes, du Marteau & du Moulin de Paris, ou entre les mains des Changeurs pour ce establis, les especes d'or legeres, pour estre conuerties pendant ledit temps en especes d'or de poids;apres lequel temps, toutes lesdites especes d'or legeres demeureront décriées, auec defenses à toutes personnes de quelque qualité & condition qu'elles soient, d'en exposer, ny receuoir en aucun lieu de ce Royaume,& pour quelque cause & souz quelque pretexte que ce puisse estre apres ledit temps, sur les peines portées par la Declaration du trenteyniéme Mars dernier, & à

tous les Officiers comptables de la
Cour & suitte de sa Majesté, de faire
aucuns payements desdites especes
d'or legeres, à peine de confiscation
d'icelles, & en cas qu'ils s'en trouuent
chargez, ordonne sad. Majesté qu'ils
les portent és lieux susdits pour estre
conuerties, sçauoir les Escus d'or
legers en autres Escus d'or de poids,
& les Pistoles en Louis: Et pour faciliter ledit conuertissement, & donner plus de cõmodité de changer lesdites especes d'or legeres; veut sadite
Majesté qu'il soit estably vn Bureau
en chacune des villes de Lyon, Bordeaux, Thoulouze & Rennes, esquelles sera porté & enuoyé à ses frais
nombre suffisant de Louis, pour
les cháger & distribuer à toutes personnes qui y porteront desdites especes legeres. Et d'autant que iusques à
present sadite Majesté a supporté les

frais de la fonte & du braſſage de ce qui a eſté fabriqué deſdites eſpeces de Louis, & qu'il n'eſt raiſonnable que ceux qui par auarice & auidité de gain ont gardé leſdites eſpeces legeres, ſoit pour en abuſer, ou les expoſer au poids auec auantage, ne s'eſtans mis en aucun deuoir de les faire conuertir pendant les delaiz, portez par leſdites precedentes Declarations, ſe preualent deſormais de cette grace : Sadite Majeſté veut & entend, que dés à preſent leſdits particuliers qui feront conuertir des eſpeces d'or legeres en Louis, payent les frais de la fonte & du braſſage, enſemble du change, ſelon & ainſi qu'il ſera reglé par la Cour des Monnoyes, conformément aux Ordonnances ; & que ledit Reglement ſera inſeré en fin des imprimez qui feront publiez de ladite Declaration ;

tion: Et pour empefcher les abus qui
fe cõmettent és efpeces moulées faites par faux Monnoyeurs, lefquelles
font de plus bas tiltre que les vrayes
Piftoles d'Efpagne, & trouuées par
les effays qui en ont efté faits iufques
à la valeur dè deux carats de perte,
qui reuiennent à trente deux liures
pour Marc ; Sadite Majefté a fait
tres-expreffes defenfes de les expofer à peine de confifcation, & des
amendes & peines portées par fes
precedentes Declarations; Veut qu'-
icelles efpeces moulées foient portées en fes Monnoyes pour y eftre
affinées & renduës au tiltre des bonnes Piftoles d'Efpagne , & lefdites
efpeces payées à ceux qui les y por-
terõt felon leur iufte valeur, fuiuant
l'effay qui en fera fait en prefence
des Commiffaires : Et quant aux
Efcus d'or rongnés & legers qui font

de plus haut tiltre que lefdits Louis,
veut qu'ils foient portez dans ledit
temps & delay cy-deffus en fa Monnoye au marteau, pour y eftre conuertis en efpeces d'Efcus d'or de
poids, fuiuant fesOrdonnances, & en
la maniere accouftumée, & les Piftoles d'Italie legeres receuës efdites Monnoyes, & affinées au tiltre des
bonnes Piftoles d'Efpagne, pour
eftre conuerties en Louis auec lefdites Piftoles d'Efpagne : Mandant à
ladite Cour, que nonobftát le temps
des vacations elle faffe lire, publier
& regiftrer lefdites Lettres, & le contenu en icelles garder & obferuer
ponctuellement, nonobftant oppofitions ou appellations quelconques, defquelles & des differents qui
pourront naiftre en confequence,
fadite Ma efté a attribué toute Cour,
Iurifdiction & cognoiffance, & icel-

le interdite à tous autres Iuges, & à
tous Baillifs & Seneschaux, Preuosts,
Iuges, leurs Lieutenans. & tous autres ses Officiers qu'il appartiendra,
y tenir la main Requeste presentée à
ladite Cour par les nommez Gilbert
& Simó Benoist, Charles de Raincy,
& Iean le Breton, Changeurs de cette
ville de Paris, tendant à ce qu'il pleût
à ladite Cour regler ce qu'ils doiuent
donner à ceux qui leur apporteront lefdites efpeces rongnées, tous
déchets de fonte, change, alliage,
braffage, & autres deduits, ainfi
qu'il a efté fait de tout temps en pa-
reilles occurréces, leur adiuger huiĉt
fols pour once, & confiderer qu'ils
ont acheté leurs Offices de grande
fomme de deniers, qu'ils font obligez de loüer cherement des maifons
& boutiques pour l'exercice de leurfdits Eftats, à payer vn grand fay-
C ij

fort au Maiſtre de la Monnoye de
Paris, & qu'il n'eſt pas de meſme de
leur Change, que de celuy qui a cy-
deuant eſté exercé en la Monnoye
du Moulin, où l'on apportoit l'or
leger, & l'on attendoit qu'il fuſt
conuerty ; au lieu qu'ils ſont obligez
à meſme temps que l'on leur appor-
tera de l'or leger, de donner le change ſans aucune dilation ny remiſe,
& que pour ce faire il faut qu'ils
ayent comptant de grandes ſommes
de deniers, qu'ils ne peuuent em-
prunter que ſur la Place à gros inte-
reſts, & ne peuuẽt rẽdre l'argẽt qu'ils
aurõt emprunté, qu'apres que toutes
les eſpeces aurõt eſté fonduës &con-
uerties, ainſi qu'il eſt porté par ladite
Declaration, qu'il leur faudra entre-
tenir nõbre de perſonnes cognoiſ-
ſans aux Monnoyes, afin de n'y eſtre
point trompez : pour leſquelles rai-

fons l'on leur a donné dés l'an 1540.
quatre deniers pour chacun Efcu,
valant lors quarante cinq fols, ce qui
a efté augmenté en execution des
Edicts qui ont efté depuis faits, en
forte que lors des derniers l'on leur a
dōné 7. fols pour once. Autre Reque-
fte de Louis de la Croix, Maiftre &
Fermier particulier de la Monnoye
de cefte dite ville de Paris, tendant à
mefmes fins que celles defdits Changeurs, & à ce que lefdits Changeurs
foient tenus luy payer les déchets de
fonte de l'or qu'ils luy apporteront:
Conclufions du Procureur General,
auquel le tout a efté communiqué;
Et veu les Edicts & Declarations des
années 1554. & autres enfuiuantes,
iufques & compris celuy de 1614. &
tout cōfideré. LA COVR a ordonné
& ordonne, que fur le reply defdites
Lettres, fera mis qu'elles ont efté

leuës & regiſtrées és Regiſtres de ladite Cour, ouy, & ce requerant le
Procureur General du Roy en icelle, & qu'elles feront leuës & publiées
à ſon de trompe & cry public, & af-
fiches miſes és carrefours, & lieux
publics & accouſtumez de ceſte ville de Paris, & copies collationnées
par le Greffier de ladite Cour, par
luy enuoyées par les Prouinces de ce
Royaume, tant aux Generaux Pro-
uinciaux des Monnoyes, qu'aux Iuges & Gardes d'icelles, Baillifs, Sene-
chaux, Preuoſts, & autres Iuges de ce-
dit Royaume, pour eſtre pareillemét
leuës & publiées, & tenir la main à
l'execution, & entretenemét du contenu en ladite Declaration; leſquels
feront tenus certifier la Cour de
leurs diligences au mois, & conformément auſdites Lettres; qu'il ſera
trauaillé inceſſamment au conuer-

tiſſement des Piſtoles d'Eſpagne &
d'Italie en Louis de cent ſols, doubles, & quadruples, tant en la Monnoye du Marteau de ceſte ville de
Paris, qu'en celle du Moulin, que de
tout l'or prouenant deſdites eſpeces,
il en ſera conuerty le tiers en Louis
de cét ſols, vn autre tiers en doubles,
& l'autre en quadruples, ſans que
ſouz pretexte du conuertiſſement
deſdites Piſtoles d'Eſpagne & d'Italie en Louis, les Maiſtres deſdites Mónoyes puiſſent employer les Eſcus
d'or legers, ny les autres eſpeces d'or
du tiltre plus haut que vingt deux
carats, à faire deſdites eſpeces de
Louis, ſouz les peines portées par
les Ordonnances & Arreſts de ladite
Cour : tiendront les Maiſtres deſdites Monnoyes regiſtres ſeparez des
eſpeces d'Italie, & en feront des fon-
tes ſeparées ; & au regard des Eſcus

d'or, & des autres efpeces legeres, &
tout autre or de plus haut tiltre que
vingt-deux carats, feront conuerties
en Efcus d'or en ladite Monnoye du
Marteau, les Ouuriers & Mónoyeurs
de laquelle feront tenus de faire lefdits Efcus, Louis, doubles, & quadruples de telle rondeur & perfection,
que lefdites efpeces ne puiffent eftre
rongnées, fous les peines portées par
l'Arreft de ladite Cour. ORDONNE
en outre que ledit Maiftre de la
Monnoye de Paris tiendra regiftre
feparé de tout l'or qui fera par luy
fabriqué defdites efpeces, prouenant des lingots d'Orfeuerie, & de
tout autre or que celuy defdites
efpeces rógnées, fous les peines portées par les Ordonnances. Et pour
vne plus grande commodité des
Subiets de fa Majefté, que conformément aufdites Lettres, outre les

deux

deux Changes qui feront eftablis
efdites Monnoyes du Marteau & du
Moulin à Paris, il y aura quatre autres Bureaux aux maifous des Changeurs de ladite Ville, pour faire fix
en tout, efquels fix Bureaux feront
receuës toutes pieces d'or legeres, & à
l'inftát cizaillées en prefence de ceux
qui les y aurót portées, lefquels ferót
auffi à l'inftant payez de la valeur en
autres efpeces d'Efcus, Louis de cent
fols, doubles & quadruples, & autres ayans cours par les Ordonnances, fans vfer d'aucune remife. Pour
lequel Change, Affinage, Alliage,
defchet de Fonte & Braffage defdites
efpeces legeres, ladite Cour a par
prouifió, iufques audit iour premier
Ianuier prochain, permis aufd. Chá-
geurs & Maiftres des Mónoyes de re-
tenir pour once dudit or leger, ainfi
par eux changé douze fols fix de-

D

niers, & pour Marc & diminutions
à proportion, laquelle diminution
sera pareillement faite dans le com-
merce aux payemens qui seront faits
en or leger, iusques aud. iour premier
Ianuier; sauf apres ledit temps à faire tel Reglement que ladite Cour
aduisera bon estre. A fait & fait inhibitions & defenses à toutes personnes d'exposer ny receuoir ledit
or leger à plus haut prix que suiuant
le Tarif qui sera arresté en ladite
Cour, & attaché à chacun desdits six
Bureaux de Change, au lieu plus emi-
nent, afin que chacun puisse voir la
valeur desdites especes. A fait &
fait inhibitions & defenses à tous
Orfeures, Ioüalliers, Affineurs, &
autres personnes de quelque estat &
condition qu'elles soiét, de faire aucun fait de Change ou fonte d'especes, sur les peines portées par les Or-

donnances : Seront lefdits Maiftres
des Monnoyes & Changeurs, tenus
faire de nouueau eftallôner au Greffe
de ladite Cour, les poids defquels ils
fe feruiront en leurfdits Changes,&
iceux poids, enfemble les diminutiõs
d'iceux faire marquer du poinçon de
Fleur-de-lys, qui eft audit Greffe :
tiendront Regiftre, duquel les fueil-
lets feront cottez & paraphez par le
Commiffaire à ce commis, dans lequel ils feront tenus regiftrer toutes
les efpeces qu'ils receuront, les prix
d'icelles, & le prix qu'ils en auront
donné, pour eftre iceluy Regiftre
veu, calculé & arrefté en fin de chacune femaine. FAIT en la Cour des
Monnoyes le vnziéme iour d'Octobre mil fix cens quarante.

Signé,   DELAISTRE.

D ij

L'an mil six cens quarante, le Samedy 13.
iour d'Octobre, la Declaration du Roy cy-
dessus, portant prolongation du terme du conuertissement des especes d'or legeres en especes
d'or de poids, & du décry desdites Monnoyes
legeres, iusques au dernier Decembre 1640.
a esté leuë & publiée à son de Trompe, & cry
public aux Carrefours & autres lieux, tant or-
dinaires qu'extraordinaires de cette Ville &
Fauxbourgs de Paris, en la presence de nous
Iean Gerin premier Huissier en ladite Cour
des Monnoyes, Iacques Blondel, & Michel Rebours, aussi Huissiers en icelle soubsignez,
par Iean Iossier Iuré Crieur en ladite Ville,
Preuosté & Vicomté de Paris, accompagné
de trois Trompettes Commis de Pierre Gilbert,
Gentian le Chable, & Noiret, Iurez Trompettes du Roy esdits lieux : Comme aussi a
esté ladite Declaration affichée par nous en
tous les lieux accoustumez de ladite Ville &
Fauxbourgs de Paris, à ce qu'aucun n'en
pretende cause d'ignorance.
Signé Gerin, Blondel, & Rebours.

ENSVIT LE PRIX

que les Maiſtres des Mon-
noyes & Changeurs ſeront te-
nus donner au Peuple, tous ſa-
laires de Change, Affinage dé-
duits, des pieces qui enſuiuent.

Eſcus d'or ſol.

Du Marc,   372. liures.
De l'Once,   46. l. 10. ſols.
Du Gros,·   5. l. 16. ſ. 3. deniers.
Du Denier,   1. l. 18. ſ. 10. d.
Du Grain,   1. ſ. 7. d.

Piſtoles d'Eſpagne.

Du Marc,   357. liures 10 ſols.
De l'Once,   44. l. 13. ſ. 9. d.
Du Gros,   5. l. 11. ſ. 8 d.
Du Denier,   1. l. 17. ſ 2. d.
Du Grain,   1. ſ. 6. d.

Escus & Pistoles d'Italie.

Du Marc,	348. liures 12. sols.
De l'Once,	43. l. 11. s. 6. d.
Du Gros,	5. l. 8. s. 11. d.
Du Denier,	1. l. 16. s. 3. d.
Du Grain,	1. s. 6. d.

Fait & arresté en la Cour des Monnoyes le 11. Octobre 1640.

Collationné aux Originaux par moy Conseiller & Secretaire du Roy, Maison & Couronne de France, & de ses Finances, Greffier en chef de la Cour des Monnoyes.

Extraict du Priuilege du Roy.

PAR Grace & Priuilege du Roy, il eſt permis à SEBASTIEN CRA-MOISY Imprimeur ordinaire du Roy & de la Cour des Monnoyes, d'imprimer ou faire imprimer, vendre & debiter les Declarations du Roy, Cahier des nouuelles Eſpeces d'or nommées LOVIS; comme auſſi le Tarif de la valeur du Marc d'icelles faiƈt par ladite Cour: Et defenſes faites à tous Libraires Imprimeurs & autres perſonnes de quelque qualité & condition qu'elles ſoient, d'imprimer, vendre ny debiter leſdites Declarations & Tarif, ſans le conſentement dudit Cramoiſy, ſur les peines portées par ledit Priuilege. Donné à S. Germain en Laye le 3. iour d'Auril 1640. Signé LOVIS. Et plus bas, Par le Roy, SVBLET. Et ſcellé du grand ſeel ſur ſimple queuë de cire iaune.